AF345466

50 POESÍAS
PARA NIÑOS MEDIO POETAS

ExLibric

50 POESÍAS
PARA NIÑOS MEDIO POETAS

Autor

José Antonio Ramos Campos

Ilustraciones

Celia Coca Gómez

ExLibric
Antequera 2016

50 poesías para niños medio poetas
© José Antonio Ramos Campos
© de la imagen de la cubierta: Celia Coca Gómez
   (El acróbata. Rotulador sobre papel, 21 x 29,7 cm)
Diseño de portada: Francisco Javier Coca Ávila

1ª edición

© ExLibric, 2016.

Editado por: ExLibric
c/ Cueva de Viera, 2, Local 3
Centro Negocios CADI
29200 Antequera (Málaga)
Teléfono: 952 70 60 04
Fax: 952 84 55 03
Correo electrónico: exlibric@exlibric.com
Internet: www.exlibric.com

Autor: José Antonio Ramos Campos
Ilustraciones: Celia Coca Gómez
Diseño y maquetación: Francisco Javier Coca Ávila

ISBN: 978-84-16110-70-4
Depósito Legal: MA-268-2016

Nota de la editorial: ExLibric pertenece a Innovación y Cualificación S. L.

Para mi hijo José Antonio

PRÓLOGO

Estas páginas iniciales no son para que las leas tú, niño o niña "medio poeta". Van dirigidas a tus maestros o a tus padres o a monitores de un posible taller, etc. Las he escrito para aconsejarles cómo pueden colaborar contigo y hacer que disfrutes mucho de las poesías que van en el libro. Si quieres, tú también puedes echarles un vistazo, no está prohibido.

***

La poesía

Los poemas son textos, orales o escritos, muy singulares, sobre todo por el fin que tienen. No pretenden ni informar ni ordenar, ni convencer... Sirven, sobre todo, para entretener, como las películas o los cuentos o los comics. Los cuentos están hechos también para entretener, como todos los literarios; se crean, la mayor parte en prosa y se diferencian mucho de la poesía, generalmente en verso, aunque ambos estén dentro de la literatura.

La principal distinción -no la única- entre un relato en prosa y una poesía está en una cualidad que solo esta posee: la sonoridad de la expresión. Las palabras que forman un poema están puestas en sus versos de forma muy pensada y estudiada, para que produzcan un compás determinado, una musicalidad, suave o vibrante, pero siempre muy sugestiva. Ese componente acústico de la poesía consta de dos elementos principales: el ritmo y los juegos de sonidos.

Las primeras poesías de la historia eran canciones, sobre todo religiosas. Pronto tocaron otros temas, como el amor o la Naturaleza. En ellas se unía el texto y la melodía, y el ritmo y todo lo demás. Luego se escribieron también poemas sin melodía. En la actualidad, todas las canciones que oímos en la televisión, en la radio, en internet, en los discos... pueden ser tomados como poemas con música, exactamente igual que aquellos de los primeros tiempos. Son conocidos los cantautores actuales que han musicado poemas de escritores de primera categoría, como J.M. Serrat, Paco Ibáñez, A. Prada, etc. Nosotros debemos considerarnos unos notables consumidores de poesía, puesto que nos pasamos muchos y largos ratos escuchando canciones de todo tipo; a veces, incluso bailándolas y marcando su ritmo con palmas u otras formas de percusión sencillas.

El ritmo

En general, el ritmo consiste en la repetición de un sonido o un silencio a intervalos iguales o correspondientes: las campanas cuando doblan, los tacones de la que baila un fandango, los tambores de una banda, etc., crean ritmos por medio de la repetición ordenada.

En el poema, hay varios planos rítmicos: a) el del acento de intensidad, que da lugar a la combinación de sílabas átonas y tónicas, encargadas de marcar el ritmo de cada verso ("después de muchas palmeras, / llegamos a un mar muy ancho", poema "Vuelta del mundo"); b) el de las pausas, la del final de verso, obligatoria, y las del interior ("Esta noche he dormido **P** con un ojo despierto **P**. Y he visto una mitad **P** y un pie salir corriendo **P**", del poema "Porción"); c) el de la rima (cuando la hay), que es la coincidencia, total o parcial, de las sílabas finales de los versos a partir de la última tónica ("Se va Antón bajo la p**arra**/con su guit**arra**. / Estefanía, a la pu**erta**,/que dejó abi**erta**", del poema "Mi canción y mi poesía"); d) el del léxico y del morfosintáctico, en los que aparecen repeticiones intencionadas de palabras o expresiones, de estructuras sintácticas, etc. (*Hoy voy a firmar / un pacto de paz./* Con la muela, / para que no se me pique. / Con la estrella, / para que así siempre brille. *Hoy voy a firmar / un pacto de paz./* ", poema "Pactos de paz").

Se comprueba, así, la existencia de una estructura rítmica múltiple, más o menos compleja según los casos, responsable en parte del valor musical -y, por tanto, general- del poema. Los jóvenes lectores, con un poco de ayuda, se hacen pronto con los patrones rítmicos de los textos, a partir de los cuales se generan unas expectativas sonoras, de gran utilidad en el curso de la lectura o escucha poética. Cabe recordar, por otra parte, que los humanos tendemos de manera instintiva a percibir el ritmo, cualquier ritmo, a dejarnos seducir por él y a disfrutarlo.

Los juegos de sonidos

Los juegos de sonidos a que aludía son de dos tipos: a) la rima ("*Guardado en mi caj**ón**, / tengo un monstruo de cart**ón**./* Con unas piernas muy l**argas** / y orejotas de elef**ante**, / las manos como de r**ana** / y un rabo así de gr**ande**.", del poema "Monstruo"), que sigue un esquema fijo, previsto por los cánones de la métrica o diseñado por el autor para cada poema; b) la aparición esporádica (aunque no arbitraria) de artificios fónicos en el interior de los versos o a lo largo del poema, como la aliteración, onomatopeya, interrogaciones, exclamaciones, etc. ("¡Apareció de rep**ente** / y se me puso del**ante**! / Era un animal vol**ante**, / alas le vi únicam**ente**.", del poema "El murciélago amigo"; "El **b**icho **b**obo / está **b**e**b**iendo / su ti**b**io **bib**i.", del poema "El bicho bobo"; "**T**rini **t**riguera / avien**t**a y **t**rilla / allá en la era.", del poema "Trini triguera"). Precisamente, la mezcla y revoltijo de sonidos emparentados es un ingrediente fundamental de muchos textos infantiles puramente lúdicos, como los trabalenguas, las imitaciones onomatopéyicas (de voces animales, ruidos...), las repeticiones de sílabas, etc.

La lectura en voz alta: la declamación.

La persona que quiera contribuir al progreso de los niños como lectores de poesía debe tener en cuenta todo lo dicho hasta aquí. De momento, no es necesario realizar análisis métricos o retóricos específicos, tan del gusto académico. La mayor parte de las veces bastará con enfatizar en presencia de y con los chicos los hitos rítmicos con la propia voz, con palmadas, golpes en el suelo o empleando algún objeto a la mano para la percusión; también se subrayarán en la recitación, de alguna manera, los demás efectos sonoros, etc. No hay que descartar -ni impedir- que los niños sientan el impulso de mover su cuerpo, los brazos, las manos, las piernas..., dando así lugar a una especie de danza poética, como partícipes de la fiesta de la poesía.

En realidad, nunca deben leerse los poemas mentalmente, de manera silenciosa, ni los de este libro ni ningunos; por el contrario, hay que recitarlos, leerlos en voz alta y percibir su música. Existen maravillosos recitadores de poesía, llamados también "rapsodas", entre los actores de cine o teatro. Si tienen ustedes ocasión, no se pierdan escuchar a alguno: les dejarán con la boca abierta, como suele decirse. Es bueno que los niños también los oigan, se aficionen e incluso vayan así mejorando sus recitaciones (que debería ser objetivo de la asignatura de Lenguaje).

El lenguaje poético

Aparte del sonoro, el segundo gran componente propio de la poesía es la manera como se describen los objetos y personajes, como se expresan los sentimientos y las emociones en ella o como se cuentan las historias. En muchísimas ocasiones, no se nombran las cosas directamente, como ocurre en los textos informativos, por ejemplo. Abunda, en cambio, la mención indirecta, mediante comparaciones, imágenes o sensaciones. Por ejemplo, si el poeta quiere hablar de su tristeza, en vez de decir "estoy triste", puede decir, "la tarde está gris y fría, llueve en mi alma". Esa manera de hablar persigue excitar nuestra imaginación, ponerla en movimiento con las imágenes precisamente. Evocan sensaciones relacionadas con la vista (colores y formas), con el oído, con el olfato, con el tacto... Ver o representarse imágenes es ya en sí algo agradable y, mucho más, si la cadena de sensaciones posee un sentido, que se comunica al lector a través de ellas, y despierta nuestros sentimientos. Por eso, se dice también que la poesía constituye una forma de comunicar extremadamente intensa, penetrante, brillante, original. En la conversación diaria acudimos con frecuencia a ese recurso, la imagen (muy propio también de la publicidad): si conocemos a un chaval que es muy nervioso e inquieto, decimos que parece un "rabo de lagartija", o bien calificamos de "muñeca" a una niña muy bonita o llamamos "un sol" a quien es una persona cariñosa, simpática y buena... En estos y otros muchos ejemplos posibles es fácil apreciar el efecto que producen en el oyente las imágenes. Pero donde mejor y más se emplean, y más rendimiento dan, es en el "lenguaje figurado" de la poesía ("Las nubes *se derramaban*, / pronto quedarían *vacías*. / ¿O *lloraban* porque el cielo / no les *sonrió* ese día?", del poema "Lluvia triste").

Según decimos, la poesía es una creación sonora y un depósito de imágenes, bien armonizados ambos y con sentido. Por eso, cada poema es un espectáculo para quien sabe apreciar todos estos elementos. Los niños medio poetas no poseen aún gran capacidad para disfrutar de muchas imágenes ni para captar todo su valor significativo, mucho menos hacerlo explícito. Poco a poco se irán acostumbrando (si se les ayuda), sobre todo creando ellos mismos expresiones poéticas, posibles versos, con imágenes. En este librito no se prodigan demasiado ni hay atrevidos artificios retóricos (hipérbatos, complejas metáforas o metonimias, extrañas sinestesias, etc.), precisamente por la edad de los lectores. Son más frecuentes las comparaciones, los epítetos, la personificación, las construcciones repetitivas, paralelísticas, los contrastes, las hipérboles, etc., mucho más asequibles. Lo que está claro es que, si se los pone en situación, a los niños les resulta fácil, desde el principio, aplicar su oído y disfrutar de las posibilidades sonoras, de la música de las poesías, así como percibir los estímulos imaginativos y emocionales.

Temas y tipos

¿También son especiales los temas de los que tratan las poesías? No, los temas no son tan especiales. Sin embargo, resulta muy característico el enfoque que se les da, siempre subjetivo, es decir, filtrados por la mirada particular del poeta y sentidos por su alma. Si un poema nos muestra una flor o un jardín, no será nunca para hacernos una descripción científica, como lo haría un libro de Botánica, sino para manifestar las sensaciones que producen en el poeta el colorido, las formas de las flores y hojas, los olores, el conjunto, el ambiente..., e incluso puede que también le vengan a la memoria -y refleje en los versos- unos recuerdos, unas vivencias, unos sentimientos..., todos hondos e intensos. Algunas veces, las poesías tienen como tema alguna situación personal del que las escribe, su amor por..., su dolor a causa de..., su alegría y satisfacción por...; en otras ocasiones, esos elementos son imaginados por el autor, aunque con tanta fuerza como si fueran reales. En cierto modo, un libro de poesía es un libro en el que la persona del poeta está presente en todos los textos, bien porque hablen de él mismo bien porque nos muestre una realidad igual o parecida a la que existe, vista y apreciada de manera personal y que despierte en él los mismos sentimientos.

El estado de ánimo del poeta actúa como lente a través de la cual contempla la realidad (de verdad o de manera simulada): según sea aquel, así resultará lo que dice el poema. Una poesía sobre el amor puede ser alegre, gozosa, porque refleja la alegría del enamorado correspondido, o tierna, sentimental; pero también puede tener un tinte de tristeza e incluso ser trágica, como consecuencia del desamor y el rechazo. También caben enfoques humorísticos, sarcásticos, caricaturescos, críticos… La poesía no tiene por qué ser siempre "seria" ni siempre "romántica". No suele ser ni una cosa ni otra, desde luego, la poesía infantil. Con mucha frecuencia, esa lente con que mira la realidad el poeta le hace ver detalles chocantes, perspectivas poco comunes, personajes grotescos, comportamientos y escenas que parecen absurdas… La mayoría de los poemas infantiles se centran en lo más hermoso y atractivo de lo que rodea a los niños, y muestran un tono optimista, positivo. Parece como si los poetas pensaran: "Ya tendrán tiempo de sufrir y conocer la maldad y la desgracia."

Abundan en este librito los poemas que hablan de personajes, tanto humanos ("Alba") como, sobre todo, animales ("Mis búhos"), o plantas ("El grano presumido") u objetos ("Plano de mi padre"), los que presentan escenas o situaciones ("Luna escondida"), los que cuentan historias ("El gato de mi vecina") y los que invitan al juego o son juegos en sí ("Más blanco", "Nombres"). Es decir, la mayoría son descriptivos y narrativos, con un manto lírico tenue, como es propio de la poesía infantil. Hay que tener en cuenta que los niños poseen como principal modelo textual la narración y, especialmente, la que se centra en algún personaje. Poco a poco, y a partir de dicho modelo, van adquiriendo conocimiento y dominio de los demás tipos.

"... para niños medio poetas"

¿Por qué el título del libro alude a niños "medio poetas"? Por una razón muy sencilla. Todos sabemos que las personas, sobre todo en la infancia y la adolescencia, como mejor comprendemos (y aprendemos) es manipulando aquello que debemos entender, haciendo algo con el objeto que se pretende conocer y valorar. No otro es el motivo por el cual se sugieren en el apartado siguiente posibles actividades para realizar con los poemas, además de (yo diría "en vez de") la mera lectura. Pretendo, así, convertir a los pequeños en co-autores (cosa que por otra parte siempre sucede con todos los textos, quiérase o no: el lector es quien "redondea" y "concluye" la obra). Digo co-autores, "medio poetas", por lo que acabo de afirmar. Por ejemplo, la actividad 3 invita a continuar los poemas que se presten a ello o a intercalar versos; no pocos están abiertos, admiten -casi piden- ser incrementados (como el de "Antón", "Dejé para mañana", "En la procesión", "Inventario", etc.), tarea que correrá -si se lleva a cabo- a cargo de los pequeños, individualmente, con la colaboración de hermanos o compañeros, padres, etc.

Las posibles actuaciones creadoras de los niños van desde la declamación, hasta la escenificación, la más compleja quizás, junto a otras que indico en la siguiente lista. Para todas se supone la ayuda y orientación de algún adulto.

Estoy convencido de que es una buena manera de invitar a los niños a leer poesía activamente y a familiarizarse textual y sentimentalmente con el lenguaje poético, además de guiarlos hacia la creación.

Con la citada actividad 3 y con otras podrán mejorarse incluso muchos poemas. Confieso que, revisando mis versos, noto un cierto tufo masculino predominante, cosa que no he podido evitar, pese a tener a la sin par Gloria Fuertes como querida "madre y maestra", obligada e inconfundible referencia de todos los escritores de poesía infantil actual en español. Si los niños, y sobre todo las niñas, que metan su lápiz en mi libro logran derramar unas gotas de perfume femenino, mi agradecimiento será infinito.

Actividades para la lectura creativa y creadora

La poesía, más que otras modalidades textuales, pide una lectura creativa, en la que el destinatario ponga algo -mucho- de sí, y también creadora, o sea, que incite al lector a la creación. El poema casi siempre es una invitación a producir algo a su costa. A tal propósito obedece la posibilidad de realizar actividades variadas como acciones para componer "la" lectura de cada poema. Ofrezco una breve lista, que no requiere añadir apenas explicación de cada clase de actividad, pues son muy sencillas y conocidas. Suman en total diez tipos: algunos van bien con todos las poesías, otros casan mejor con unos poemas que con otros.

1. Declamación no teatralizada o teatralizada (como si fuera un pato, un ministro…, como si estuviera muy triste, muy asustado…), individual, colectiva o mixta.
2. Dramatización.
3. Inclusión de versos en medio o al final del poema.

4. Reescritura de poemas en hojas o en carteles, acompañados de dibujos o fotos.

5. Creación de un acompañamiento rítmico con diversos "instrumentos" de percusión, incluida la voz ("pompón, porrompompón", por ejemplo).

6. Buscar o tocar música para el fondo de una recitación "en vivo" o para un montaje audiovisual.

7. Valorar los poemas (puntuar de 0 a 3 poemas en general, lo que más me ha…, me hubiera gustado haber escrito…, etc.)

8. Recordar o buscar canciones (u otros poemas) parecidas a algunas poesías del libro y compararlas, añadirlas, etc.

9. Elegir poemas para dedicárselos y regalárselos a compañeros, amigos o familiares. Enviárselos por carta (o correo electrónico), convenientemente ilustrados.

10. Escribir frases o textos muy breves para mandárselos por correo electrónico al autor del libro, con aquello que a cada niño se le ocurra decirle, a propósito del conjunto o de algún o algunos poemas en particular.

Si a alguno o alguna de ustedes se le ocurren más, propónganselas a sus niños y niñas "medio poetas".

Últimas aclaraciones

He buscado compensar, por otro medio, el supuesto sabor masculino preponderante antes mencionado: pidiendo a una artista de 11 años, Celia, que hiciera las ilustraciones. Muy joven en efecto, pero con un camino ya recorrido en este quehacer artístico, en el que muestra una sensibilidad contagiosa y un estilo ya muy definido. Mi agradecimiento a ella y, de camino, a su padre (y maestro).

El orden en que aparecen los poemas no obedece a un criterio único y muchos están donde están por azar. Como es sabido, tampoco la lectura de un poemario, salvo indicación contraria, tiene por qué seguir un orden fijo. Así que sugiero que se permita a los niños elegir el poema que en cada ocasión deseen e incluso repetir las veces que les apetezca (se sobreentiende que también podrán dejar algunos sin leer), tanto en su versión original como en la aumentada o completada por ellos.

No aconsejaría yo, por último, que se les dejara solos con el libro, sobre todo si están empezando con este tipo de textos. Los adultos responsables de su educación deben implicarse y, como mínimo, leerles poemas. Hay quien establece turnos: hoy tú, mañana yo.

No he dicho, pero lo digo ahora, que el pequeño lector o pequeña lectora ("medio poeta") que imagino, está en una edad de alrededor de los 10 abriles, uno o dos arriba, uno o dos abajo. Aunque ¡ojalá les gusten mis versos a todos, aunque no los tengan ya!

JOSÉ ANTONIO RAMOS
Antequera, julio de 2015

1

EL GATO DE MI VECINA

"Estaba el señor Don Gato...",
canción popular tradicional

El gato de mi vecina
me estaba un día esperando,
me miraba fijamente
a su ventana asomado.
"¿No tienes tú una gatita?",
me preguntó aquel minino,
"¿no tienes una morroña
que quiera venir conmigo?".
Yo le dije: "¿Para qué?".
"Para dormirnos un rato
los dos juntos a la sombra
de una parra, aquí, en mi patio".
"Sí, tengo. Es muy bonita.
Se lo diré y, si quiere,
que se vaya a tu casa
hasta que suenen las siete".

2

¿DÓNDE ESTÁ LO QUE NO VEO?

¿A dónde tengo el cogote?
¿Y dónde estará mi espalda,
mi culo? Miro hacia atrás,
pero yo no veo nada.

No veo tampoco el pelo,
las orejas ni la cara.
¿Dónde están todos, mamá?
¡Es una cosa muy rara!

"Hijo mío, en el espejo
se quedan siempre guardadas
las partes que no tenemos
delante de la mirada".

3

DESCANSANDO

Siempre estoy descansando.
Unas veces, de comer;
otras veces, de jugar;
otras veces, de dormir...
Y otras, de haber descansado.

4

MIS BÚHOS

Tengo un búho colorado
como el loro de mi tía.

Tengo un búho todo verde
como el moco de Sofía.

Tengo un búho amarillo
como el sol del mediodía.

Y tengo un búho celeste
como el agua de la ría.

Juegan al parchís mis búhos,
ya con mucha maestría.

5

EL JUEGO DE ANTÓN

"Antón Pirulero",
juego popular tradicional

*Antón, Antón,
Antón Pirulero
no se sa, no se sa,
no se sabe su juego.*

Podrá hacer, podrá hacer,
podrá hacer de portero
o de cebollero
o de cangrejero
o de cazolero
o de mangorrero
o de cochinero
o de pregonero
o de botijero
o de pordiosero
o de pamplinero
o de macetero
o de latiguero
o de calavero
o de perchelero
o de quincallero
o de choricero
o de ratonero
o de petardero
o de hormiguero
o de recadero
o de pistolero
o de melonero
o de guerrillero
o de hechicero…

Antón, Antón,
Antón Pirulero
no se sa, no se sa,
no se sabe su juego;
mientras no lo aprenda
aquí que no venga.

Si será, si será
si será barrendero
si será panadero
si será cocinero
si será escudero
si será camionero
si será posadero
si será carpintero
si será quiosquero
si será chaquetero
si será trompetero
si será zapatero
si será peluquero
si será carnicero
si será bandolero
si será costurero
si será ganadero
si será molletero
si será chancletero
si será butanero
si será cacahuero
si será gazpachero
o, si no, colchonero
si será sardinero...

Antón, Antón,
Antón Piruelero
ya se sa, ya se sa
ya se sabe su juego.

Él es, él es
él es marinero
también jardinero,
también cocinero,
también misionero,
también relojero,
también confitero,
también ingeniero,
también enfermero,
también atunero,
también colmenero,
también gondolero,
también heladero,
también molinero,
también ferretero,
también alfarero,
también, financiero
también ganadero,
también estrellero...

Y muy buen, y muy buen
y muy buen compañero,
todo un caballero.
Antón, Antón,
Antón Piruleeeeeeeroooooo.

6

GUIÑOS

Cuando paso por su vera,
un chaval siempre me guiña / una chavala me...
Pienso, pero no comprendo
lo que eso significa.

Me he dado cuenta, además,
de una cosa muy extraña:
guiña con distinto ojo
cada día de la semana.

Lunes, miércoles y viernes,
arruga el ojo derecho;
sábados, jueves y martes,
el que toca es el siniestro.

¿Los domingos? Los domingos
no me guiña este muchacho /esta muchacha
porque ese día festivo
de mi casa yo no salgo /yo no salgo de mi casa.

7

MI PERRA Y YO

Mi perra me ladró un día
y al día siguiente otra vez
me ladró.
Pasó un día, dos pasaron...
y al final
le ladré yo.

8

MONSTRUO

*Guardado en mi cajón
tengo un monstruo de cartón.*

Con unas piernas muy largas
y orejotas de elefante,
las manos como de rana
y un rabo así de grande.
El pelo es un estropajo
color verde y amarillo,
y algunos mechones blancos,
que de viejo le han salido.

*Guardado en mi cajón
tengo un monstruo de cartón.*

Zapatones de papel
negros, enormes y bofos;
calcetines al revés,
talón y puntera rotos.
Lo visto de novillero
y hace como que torea;
si lo pongo de sargento,
se quiere ir a la guerra.

Guardado en mi cajón
tengo un monstruo de cartón.

Cuando a canturrear rompe
con su voz de pío pío,
te rechinan si los oyes
chirriantes gorgoritos.
Pero con lo que más flipa
y más feliz lo veréis
es cuando sale e imita
a su amigo Frankenstein.
Sabe llorar el macaco,
patalear, revolcarse,
chillar a grito pelado,
si ningún caso le haces.

Guardado en mi cajón
tengo un monstruo de cartón.

9

PRIMER BESO

"Niña (niño), he traído dos besos
en mi cuaderno copiados.
Volando iban por el aire,
de mis labios se escaparon.
¿Te gustan, niña (niño), así
o quieres colorearlos?
Pinta luego en una hoja
besos tuyos, que no has dado".
En el patio, por la tarde,
ese día nos besamos.

10

LLUVIA TRISTE

¡Cuánto llovía!
Las nubes se derramaban,
pronto quedarían vacías.
¿O lloraban porque el cielo
no les sonrió ese día?

11

MASCOTAS

Hay en casa un bandolero:
tiene unos bigotes grandes
y vivos ojillos negros.

Hay una mujer barbuda:
cuando se pone a cantar,
me parece a mí que aúlla.

Hay un walkman de colores:
habla y canta sin parar
 y él mismo se dice: ¡Oole!"

Hay un tenor presumido
con un bello manto azul
y alegres gorgoritos.

¿Cuáles serán mis mascotas?
Atrévete, anda, dilo.

12

LAS ESTRELLAS

Quise una noche contar
todas las blancas estrellas.
Cuando iba por dos mil,
lo que quise fue cogerlas.
Ni de puntillas ni a saltos
ni con tacones llegaba.
Pensé en llamar a mi hermano
para que él me aupara.
- Niño(a), toma este espejito
y ponlo mirando al cielo.
Las estrellas bajarán...
Mira, ¡se meten ya dentro!

13

PORCIÓN

Esta noche he dormido
con un ojo despierto.
Y he visto una mitad
y un pie salir corriendo
por media puerta abierta,
medio muerta de miedo.

14

TROFEOS

Hay un juego
en el que tengo
ocho medallas de plata:
divertirse se le llama.

Cuatro bronces
- ya son doce -
en buscarme amistades
a las que siempre les gane.

En la escuela
quedo fuera
y no subo a ningún podio,
allí estoy en el hoyo.

En septiembre
cumplo trece
y pienso ganar un oro
si a una belleza enamoro.

15

DULCE LLUVIA

Llovía fuera y dentro
y yo estaba contento.

Caían goterones
de almíbar y bombones,
confetti, serpentinas,
uvas y pasas finas;
muchas garrapiñadas,
tortas con mermelada
o leche condensada…

Llovía fuera y dentro
y yo estaba contento.

16

EL MURCIÉLAGO AMIGO

¡Apareció de repente
y se me puso delante!
Era un animal volante,
alas le vi únicamente.

Me noté un sudor frío,
por el cuello me caía.
Él, quieto, no se movía,
ni cantaba ni hacía pío.

Con cara de ratón viejo,
colgaba cabeza abajo
como si fuera un badajo,
muy oscuro su pellejo.

Dijo que no me asustara.
"Soy un murciélago amigo.
Ya ves que no te atosigo".
Me pidió que me acercara.

Con un ala acarició
mi nariz y mi mejilla.
¡Cariñoso, el draculilla!
Luego, el vuelo levantó.

17

CANCIÓN DE LAS MARGARITAS

En mi corazón brotó
un jardín de margaritas.
Cantaban canciones blancas
y canciones amarillas.

Canciones con esta música:
"lala tarará tarira". (tariro)
Canciones con esta letra:
"¡Cuánto quiero yo a mi niña!" (niño)

18
MÁS BLANCO

Blanco, whitisimo, blanco,
pero no como la luna,
pero no como el azúcar.

Blanco, whitisimo, blanco,
pero no como la leche,
pero no como la nieve.

Blanco, superwhite, blanco,
pero no como mi casa,
de limpia cal encalada.

Blanco, whitisimo, albo,
pero no como el arroz,
pero no como el candor.

Blanco, whitisimo blanco,
pero no como azucena,
pero no como ala abierta.

Blanco, superwhite, blanco,
pero no como la nube
que por el cielo azul sube.

Blanco, whitisimo, blanco,
pero no como el granizo,
pero no como los lirios.

Blanco, whitisimo, albo,
¡de camiseta y calzón,
de pasta de campeón!

Blanco, bianco, white, branco,
¡del white de superguáis,
de los que siempre ganáis!

Blanco, superwhite, blanco,
¡¡only archialbo for me!!,
¡¡blanco del Real Madrid!!

Vamos, gritamos, cantamos:
¡¡blanco del Real Madrid!!

tren TREN tren
Tren TREN TREN

19

VIAJE

Veo pasar un ár...
y volando un pája...
y luego un pos...,
otro pos..., más pos...,
pos..., pos..., pos..., p..., p...,
muchos p... con caaaables...
Y luego una ca...
Más atrás los ár...
ár..., ár..., ár..., ár..., ár...,
otra ca..., un hom...
Y más pá..., pá..., pá...

Por la ventanilla
pequeña del tren
veo cómo las cosas
van muy muy corrien...,
corrien..., corrien..., co..., co...

Se pararon.
He llegado.

20

TORITO TROTÓN

Toro Trotón,
el más valiente,
mi campeón.

Quiere jugar
allí en el campo,
mugir, brincar.

Bufa, rebufa
y, si se cansa,
requetebufa.

Torito bravo,
cuando se para,
menea el rabo.

Se echa en el verde
a descansar.
¡Ay, si se pierde!

Duerme en la hierba
al aire libre
con la caterva.

Como el carbón,
tan negro, negro
es el Trotón.

En los inviernos
se vuelven blancos
sus fuertes cuernos.

Cornupetillo...,
toro Trotón,
bien plantadillo...

Nunca fue al ruedo,
ni vio un capote.
No siente miedo.

No para el duelo
nació el toro
de terciopelo.

21

SUEÑOS

Soñé con un borriquillo
que trotaba al ritmo alegre
de la canción *Voy a olerte*.

Soñé con una gallina
que cantaba a sus polluelos
la canción *¡Os Kikikiero…!*

Soñé con una amiguita
que escribía en su cuaderno
la canción de *Dame un beso*.

Soñé con un niño bueno
que tocaba con su flauta
la canción *Entra en mi casa*.

¿Y qué más?
Ya no soñé nada más.
Así que me desperté
y me puse a tararear
¡Ay, qué me gusta soñar!

22

NOMBRES

Toda Manoli tiene un Manolo,
gozan los Juanitos de las Juanas.
Se convierte María en Mario.
Doña Paquita posee un Paco,
A Mari Carmen le va un Carmelo.
Encuentran muchos Pepes las Finas,
las Josefinas y las Pepitas.
Toñi se empareja con Antonio,
Julia lo conectamos con Julio,
Alejandra acompaña a Alejandro.
Iván regala nombre a Ivana,
va Saturnina con Saturnino...
(continuar la lista)

Pero dejan muy sola a Visita,
para Charito no hay camarada.
Yo no conozco hombres Saritos
ni Glorios ni Pilaros ni Urracos
ni Milagrosos ni Esperanzos.
Marto por Marta nadie se llama,
tampoco Virtudo por Virtudes.
No suenan Isaiasa o Davida,
y menos Rodriga o Leopolda,
Sonio, Sorayito o Abrahama.
Y es masculino de Ana..., ejem...
(continuar la lista)

¿Por qué hay tantos nombres en pareja
junto a otros que están muy solitos?

23

MEDUSA

Las olas, para afuera
y yo, hacia dentro.
El mar quiere bailar
y yo, nadar.

¿De quién huye esta ola?
¿Por qué se va?
¿De unos monstruos de agua,
con muchas patas?

Señora, señorita,
señor Medusa:
lejos, no se me acerque,
eh, ni lo piense.

Aquí traigo un castigo
duro, marrón,
largo y morado,
para los peces malos.

24

LOS ANIMALES BEBÉS

Si al osito chiquitito
aquí le llaman osezno
y si al pequeño lobito
le dicen todos lobezno;
si a la cría de la víbora
la apodan el viborezno,
yo al gatito muy enano
le diré siempre gatezno
y a ese perrillo tan chico
lo llamaré: "Ven, chuchezno";
al lorito charlatán
lo bautizaré lorezno...

Así nombraré a todas
las fieras aún bebés
de este reino animalezno.

25

LA VIDA DURA

Se está poniendo
dura la vida.
No me divierto,
no hay alegría.

Mis maquinitas
están ya viejas,
la bicicleta
quedó pequeña.

Nadie me compra
ahora las chuches
y los domingos
parecen lunes.

Estoy sin móvil,
no voy a la moda
ni en los zapatos
ni en la ropa.

¿Que quiero mechas?
¿O ir al cine?
Nada de nada,
así de simple.

¿Por qué? ¿Qué pasa?
¿No hay ya dinero
en nuestra bolsa?
Ay, siento miedo.

26

INVENTARIO

El mar,
amigo grande y callado.

El cielo,
techo azul al que no alcanzo.

El aire,
caricia con dedos blandos.

El árbol,
torre viva hacia lo alto.

La tierra,
caminos por donde ando.

Mi silla,
fuerte y seguro regazo.

La cama,
porción de besos soñados.

El perro...
¡vaya, me ha despertado!

27

GIROS

Estaba dando vueltas
a mi silla,
terminé mareada.

Luego quise girar
la sombrilla:
traía mala pata.

Pensé bailar también
la bombilla:
mas no, podía quebrarla.

Rodaría entonces
una anilla.
No la encontré en mi casa.

Tendría que sacar
mi trompilla,
que estaba estropeada.

O atreverme a danzar
de puntillas
hasta que me cansara.

28

FUGAS EN LA PLAYA

*El mar se quiere escapar
al meterme yo a nadar.*

Las olas llevan el agua
hacia la caliente arena.
Pasa la rizada espuma
y me acaricia las piernas.

*El mar se quiere escapar
al meterme yo a nadar.*

Se ondula el manto azulverde.
Empuja un rodillo el aire,
de lejos viene hacia mí,
mis pasos no hará que cambie.

*El mar se quiere escapar
al meterme yo a nadar.*

Me golpea la onda el pecho,
sigue su largo camino.
Cansada llega a la orilla,
en donde juegan los niños.

El mar se quiere escapar
al meterme yo a nadar.

¿Por qué no quieres que entre?
¿Para qué deseas salirte?
¿No dejarás que me meza
feliz en tu superficie?

El mar se quiere escapar
al meterme yo a nadar.

¿Huyes hacia alguna tierra
a la que bañar pretendes?
Yo vengo a salirme de ella
y esconderme entre los peces.

El mar se quiere escapar
al meterme yo a nadar.

29

EN LA PROCESIÓN

Porropón, pon, pon, pon.
Porropón, pon, pon, pon.

Somos recios hermanacos
y llevamos a la Virgen
en nuestros hombros juntados.

Porropón, pon, pon, pon.
Vamos en la procesión.

Somos bombillas y focos,
cirios, velas y faroles.
¡Cómo luce y brilla el trono!

Porropón, pon, pon, pon.
Vamos en la procesión.

Quien dice "Adelante" y "Alto"
es el hermano mayor,
y va dirigiendo el paso.

Porropón, pon, pon, pon.
Vamos en la procesión.

Somos los campanilleros,
con túnica negra y oro,
y con rizos en el pelo.

Porropón, pon, pon, pon.
Vamos en la procesión.

Soy un fragante nardo,
soy preciosa azucena,
soy un clavel encarnado.

 Porropón, pon, pon, pon.
Vamos en la procesión.

De Jesús Crucificado
soy artística imagen,
muerto hace dos mil años.

Porropón, pon, pon, pon.
Voy en la procesión.

Somos la banda de música,
trompetas y clarinetes,
platillos, flautas y tubas.

Porropón, pon, pon, pon.
Vamos en la procesión.

Vamos muchos capirotes,
con la saya azul y blanca,
que arrastramos por los bordes.

Porropón, pon, pon, pon.
Vamos en la procesión.

Soy valiente legionario,
cabo de los gastadores.
El fusil baila en mis manos.

Porropón, pon, pon,
pon, porropón, pon, pon.
Voy en la procesión.

Detrás desfilan soldados
con cornetas y tambores
paso ligero, volando.

Porropón, pon, pon,
pon, porropón, pon, pon .
Van en la procesión.

Soy el que quema el incienso.
Y yo porto el estandarte,
me llaman el tarjetero.

Porropón, pon, pon, pon.
Voy en la procesión.

Soy un caco arrepentido
que camina tras el Cristo,
cara oculta y pies heridos.

Porropón, pon, pon, pon.
Voy en la procesión.

Son los de la cofradía:
nuestro señor presidente
con toda la directiva.

Porropón, pon, pon, pon.
Vamos en la procesión.

Voy de caro traje negro
con nuestro amado pendón,
saludando a todo el pueblo.

Porropón, pon, pon, pon.
Voy en la procesión.

Soy el perro del Alfonso,
celador de penitentes.
Nunca lo dejo yo solo.

Porropón, pon, pon, pon.
Vamos en la procesión.

Ya llega la comitiva
muy cerca de mis ventanas,
lenta, triste, se aproxima.

Porropón, pon, pon, pon.
Veo aquí la procesión.

Tararíiii, tachín, tachín.
Tarará tachín, tachín, tachín.
Porropón, pon, pon, pon.
Porropón, pon, pon, pon.
Se aleja dejando un rastro,
de luces y de sonidos
que el aire se va llevando.

Porropón, pon, pon, pon.
Allá va la procesión.

30

PLANO DE MI PADRE

Dibujé un plano
de todo mi padre.
Se ve una puerta
por la que él se abre.

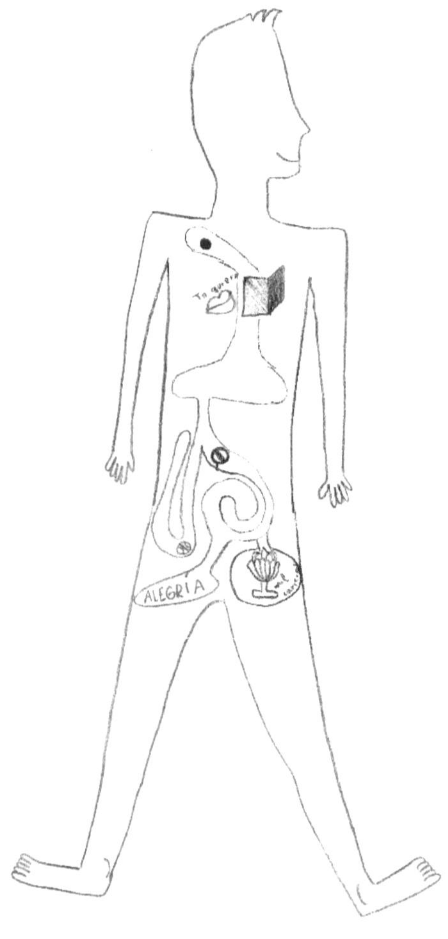

La marca un cartel
que dice "Te quiero"
sobre el perfil rosa
de un cálido beso.

Un puntito negro
en otro lugar
pone: "Ahora no,
no debes pasar".

Y una torre alta
con un pararrayos
para protegerme
en los días malos.

Mucha zona verde,
rocío y escarcha:
tenderte y soñar
sin temor a nada.

Pinté muchas más
señales y frases:
en dónde se juega
sin que él se canse;

en dónde se guarda
su eterna alegría;
dónde está la fuente
de las mil caricias...

El plano lo firman
mi padre y su niña.

31

EN EL FÚTBOL

Empieza el partido:
piiiiiiiii.

El extremo da un buen pase:
"Oooooooh".

Iba casi a marcar:
"Uuuuuuyyy".

El delantero remata:
"¡Goooooool.

El árbitro se equivoca:
"Eeeeeeeeh"…

Termina el partido:
piiiiiiiiiiiiiii.
¡Ganamos por seis a cuatro!

32

DIFERENCIAS DE EDAD

*El tiempo no cuenta
en mi calendario.*

A mi abuelo solo
le llevo dos años.
A mi padre, muchos,
unos treinta y tantos.

*El tiempo no cuenta
en mi calendario.*

A mi hermana, días.
A mi hermano Carlos,
que tiene seis meses,
veinte años le saco.

*El tiempo no cuenta
en mi calendario.*

Mi compa del cole,
su tío y yo estamos
parejos, iguales,
en los nueve largos.

*El tiempo no cuenta
en mi calendario.*

33

CORRIENTES

-¿Quién es la brisa?
-Yo.
-¿Quién es el aura,
tú?
-Yo.
-¿Y quién el hálito?
-Yo.
-¿Quién será, entonces, el soplo?
-Soy yo.
-¿También?
¿Quién, el aliento,
tú?
-No.
-¿Quién?
-Mi tenue
hermanito gemelo.
Somos Va y Ven.
-¿Y quién es entonces
el viento?
-No lo sé,
lo siento.
Ni el vendaval
ni el huracán.

34

ALBA

Para Alba, niña holandesa y española

Alba,
chiquita naranja
blanca, roja,
gualda.
Holalba, Spanalba.

Princesa
del agua.
Tulipán de tul,
tu cara y tu falda
de luz.
Alba, Reinalba, Estrellalba.

Carita
de nardo,
canela y geranio.
Pañuelo,
violín y fandango.
Alba, Gitanalba, Magicalba.

Amor
lejano
de piel corazón.
Olor caracola,
mi flor.
 Alba, Caricialba, Lunalba.

La tarde
y el aire
en la arboleda
susurran
tu canción pequeña.
Alba, Niñalba, Dulcealba.

Alba.
Preciosa
naranja.
Spanalba, Holalba.
¡Alba…
del alba!

35

BICHO BOBO

El bicho bobo
está bebiendo
su tibio bibi.
Sorber no sabe
ni muy bien ve.
Algo bembón,
le cae baba
babi abajo.
El bicho bobo,
como un bebé,
ni balbucea,
en Babia vive.
No mueve nunca
sus patas blandas,
ni manda besos.
No des la vaya
al bicho bobo.
Viva a mi vera
su vida breve.

36

VUELTA DEL MUNDO

Mi mono Saúl y yo
dábamos la vuelta al mundo
saltando de árbol en árbol,
de uno en otro, de otro en uno.

*Un día y otro, piiim... pom,
un mes y otro mes, pooom... pim;
un año, dos años, tres,
así saltamos, así.*

No tocábamos el suelo,
quedaba abajo, en lo hondo.
Dormir y comer arriba,
Saúl y yo los dos solos.

Bebíamos agua fresca
de los ríos en la orilla,
de los árboles colgados,
la boca en el agua hundida.

Después de muchas palmeras
llegamos a un mar muy ancho.
Lo tuvimos que pasar
brincando de barco en barco.

*Un día y otro, piiim... pom,
un mes y otro mes, pooom... pim;
un año, dos años, tres,
así saltamos así.*

Nos encontramos de pronto
con un enorme desierto
seca arena, ningún árbol
para seguir nuestro vuelo.

Yo sentí sueño. Y el mono.
Y nos quedamos dormidos.
En nuestro árbol primero
de pronto los dos nos vimos,
mirando allá a lo lejos:

Un día y otro, piiim… pom,
un mes y otro mes, pooom… pim;
un año, dos años, tres,
los dos saltamos así.

37

TRINI TRIGUERA

Trini triguera
arroja granos
de sementera.

Espigueando,
roja amapola
lleva en la mano.

Trini triguera
avienta y trilla
allá en la era.

Trini morena,
fresca agua limpia,
Trini triguera.

38

QUE LLUEVA, QUE LLUEVA

*"Que llueva, que llueva...",
canción popular tradicional*

Que llueva, que llueva
cantaba el lagarto,
metido en su cuarto.

Que llueva, que llueva
piaba el pollito
con voz de gallito.

Que llueva, que llueva
gruñía el león,
el más fanfarrón.

Que llueva, que llueva
mugía la vaca
pisando la caca.

Que llueva, que llueva
zumbaba el mosquito
con cara de pito.

Que llueva, que llueva
berreaba el becerro
sonando el cencerro.

Que llueva, que llueva
lloraba la iguana
con falda de pana.

Que llueva, que llueva
silbaba el delfín,
lindo y saltarín.

Que llueva, que llueva
hipaba tu perro
en lo alto de un cerro.

Que llueva, que llueva
pedía una ardilla
con una gorrilla.

(continuar: *la gatita, el palomo, el flamenco,
el conejo...*)

*... Que llueva, que llueva,
que caiga un chaparrón
que rompa los cristales
de la estación.*

39

PACTOS DE PAZ

Hoy voy a firmar
un pacto de paz.

Con la muela,
para que no se me pique.
Con la estrella,
para que así siempre brille.

Hoy voy a firmar
un pacto de paz.

Con mi amiga (-o),
para que aún más me quiera.
Con la mano,
para que pinte acuarelas.

Hoy voy a firmar
un pacto de paz.

Con mi seño,
para que nunca sea mala.
Con el boli,
para que escriba sin faltas.

Hoy voy a firmar
un pacto de paz.

Con el grifo,
para que dé agua caliente.
Con el perro,
para que no se me mee.

*Hoy voy a firmar
un pacto de paz.*

Con mi amigo,
para que siempre lo sea.
Con mi compa,
para que de una vez crezca.

*Hoy voy a firmar
un pacto de paz.*

Con el viento,
para que no me despeine.
Con Gonzalo,
para que no me moleste.

*Hoy voy a firmar
un pacto de paz.*

Y conmigo,
para ponerme a cerrar
muchos más pactos de paz.

*Hoy voy a firmar
un pacto de paz.*

40

MIS MUÑECOS

"Tengo una muñeca...",
canción infantil

Yo, con mi muñeca
vestida de azul
y con mi muñeco,
en el autobús.

Los llevaba al parque,
que se divirtieran
subiendo a los árboles
y en la hierba fresca.

Se acercó una niña
y también un niño.
Ambos me dijeron:
"¡Déjalos conmigo!".

Dos y dos, los cuatro
corrían, saltaban,
gritaban, reían...
¡ay, si ellos hablaran!

Se fue pronto el sol,
se fueron los niños.
Cogí mis muñecos
y también nos fuimos.

No *se constiparon.*
En sus dos camitas,
cuando los miré,
creo que sonreían.

41

LUNA ESCONDIDA

Veo que la blanca luna
al amanecer se esconde
y no sé dónde.

¿Será detrás de la Tierra?
¿Detrás de Venus será?
¿Quién lo sabrá?

Quizás se le cuela dentro
a la Gran Osa Mayor:
dónde mejor.

Tengo que encontrarte pronto,
la curiosidad me mata,
cara de plata.

¡Aaah! ¡Tras invisible tela,
con rayos de sol tejida,
estás metida!

42

DOS AMIGOS

Mis dos amigos son
la iguana y el león.
El león se llama Jorge,
la iguana, Leonor.

La iguana es bondadosa,
humilde, pequeñita,
fea como la muerte,
mas callada y tranquila.
La miro cuando limpia
de insectos y de moscas
la habitación o el patio,
allí donde la pongas.

Mis dos amigos son
la iguana y el león.
El león se llama Jorge,
la iguana, Leonor.

Una, dos…, muchas horas,
la pobre se está quieta,
ojos de par en par
sin pestañear siquiera.

Le ayudo yo a comer,
vamos a pasear.
Siempre detrás de mí,
a donde voy, va.
La adora el león.
La ve débil y boba,
desamparada, frágil,
pese a su recia cola.

Mis dos amigos son
la iguana y el león.
El león se llama Jorge,
la iguana, Leonor.

Muy fuerte, muy muy bravo,
el león es valiente,
de nadie le da miedo,
a la gente no teme.
Le gusta presumir
de sus grandes colmillos,
de garras afiladas,
también de su rugido.
Pero conmigo es manso,
muy obediente y bueno,
lo quiero mucho, mucho,
como a un hijo lo quiero.

Tiene una gran melena
unos ojos muy vivos.
Veloz como un gato
correteando niños.

*Mis dos amigos son
la iguana y el león.
El león se llama Jorge,
la iguana, Leonor.*

Vino recién nacido,
dormía en mi cuarto.
Conmigo y con la iguana,
siempre está jugando.
Mirad mis animales,
mis dos amigos son
los más chulos del barrio:
mi iguana y mi león.

*El león se llama Jorge,
la iguana, Leonor.*

43

LLUVIA EN LA MANO

La lluvia cae en el valle
de la palma de mi mano.
Poco a poco va formando
unos cristalinos charcos.

Sopla un vientecillo frío,
el agua se hace hielo.
Y se transforma en granizos
cuando le echo mi aliento.

Pongo encima la otra mano,
calentita bajo el guante.
La levanto: oh qué linda,
una nube de allí sale.

Tan blanca como mi alma,
tan suave como mi dedo,
tan veloz como mis ojos,
va volando hacia lo lejos.

44

MI CANCIÓN Y MI POESÍA

El niño de mi canción
se llama Antón.
La niña de mi poesía,
Estefanía.
Se va Antón bajo la parra
con su guitarra.
Estefanía, a la puerta,
que dejó abierta.
¡Qué extraña recitación!
¡Misteriosa melodía!
La copla que canta Antón
¿es su canción?
Los versos de Estefanía,
¿son su poesía?
Estefanía…, Antón…,
¿qué son?
"Yo, tu poesía".
"Yo, tu canción".

45

IR Y VENIR

Por la calle viene,
por la calle va.
Si no va ni viene,
la calle no está.

Por la puerta salgo
por la puerta entro.
Si no entro ni salgo,
puerta ya no tengo.

46

FUTBOLERO, NO

¿Con qué rima pelota?
Con idiota.
¿Con qué pega balón?
Con tostón.
¿Quieres ser futbolero?
No, torero.

47

EN EL PAÍS DE LAS MARAVILLAS

El pulpo dormido en un banco,
mi tía volando en el cielo,
un oso tocando el piano,
la niña contándose un cuento.

El trigo mirando la tele,
un árbol hablando con otro,
sandías poniéndose verdes,
leones picando retoños.

La abuela jugando en la arena,
mi papá pintando sus sueños,
el delfín bajando escaleras,
la graja moviendo los remos.

Finito. The end. C'est fini.
Concluido, que sí, terminado.

¿Por dónde se va a ese país,
donde todo es así tan raro?
Se llega solo por aquí...

48

EL GRANO PRESUMIDO

En la haza del Cerrado
hay un extenso trigal:
verde estaba en primavera,
pronto lo van a segar.

Con una espiga me paro
cuando visito el lugar,
pues ella tiene una cosa,
no la había visto jamás.

Es un granito de trigo
distinto, muy especial.
Se empina y sobresale
al ver a alguien llegar.

Está fuerte, es rubio, hermoso,
le ha dado el sol ya.
Tiene abierta la camisa,
su pecho quiere mostrar.

"Aquí estoy, el más valiente,
el más guapo, el más galán.
Nadie va a tener valor
y nadie me va a cortar.

No soy un grano de arroz,
palidez, debilidad;
ni fea pepita negra
del lejano cafetal.

A todos los otros granos
que en las espigas verás,
si contemplan mi hermosura,
¡qué gran envidia les da!

De mí, la roja amapola,
enamoradita está.
A mí, blancas margaritas
se acercan a acariciar"...

Llegó el día de la siega,
llegó el día de aventar,
llegó el día de moler,
llegó el día de hacer pan.

El granito presumido
¿quién sabe dónde estará?
Quizás lo salvara el aire,
la hoz, la muela..., quizás.

Y si se hundió en la tierra,
bastantes hijos dará,
tan guapos como su padre,
tan llenos de vanidad.

49

DEJÉ PARA MAÑANA...

Dejé para mañana
escribir a los Magos
y me quedé sin nada.

Dejé para mañana
comerme mi merengue:
se lo zampó mi hermana.

Dejé para mañana
querer a mis amigos:
me vi sola en la playa.

Dejé para mañana
bajarme de las nubes:
allí quedé colgada.

Dejé para mañana
tocar mi saxofón:
se me olvidó la escala.

Dejé para mañana
mirar arriba, al cielo:
se hizo noche cerrada.

Dejé para mañana
dar un beso a mi madre:
cuando fui, ya no estaba.

Dejé para mañana
cerrar este poema
y así...

50

A NUNCA JAMÁS

Pintó de azul de mar
sus pensamientos.
Cubrió con suave seda
todo su cuerpo.
Y un corazón sintió
de nube y cielo.
Abrió en su memoria
un agujero,
para que se saliera
por él el tiempo.
Volaba en un globo
de ilusión hecho
hacia el país de Nunca
Jamás. No ha vuelto.

ÍNDICE DE POESÍAS

* 9 7 8 8 4 1 6 1 1 0 7 0 4 *